SOCIÉTÉ J. ET A. PAVIN DE LAFARGE
EN COMMANDITE PAR ACTIONS. — CAPITAL : 8 800 000 FRANCS
Siège social à VIVIERS (Ardèche)

CHAUX HYDRAULIQUES
ET
CIMENTS PORTLAND
DE LAFARGE ET DU TEIL (Ardèche)

DIVERSES APPLICATIONS DU CIMENT ARMÉ
EMPLOI A CET USAGE
DU CIMENT DE LAFARGE

Chaux hydrauliques et Ciments Portland de Lafarge et du Teil (Ardèche)
Chaux hydraulique et ciment Portland de Cruas (Ardèche)
Ciment de laitier de Vitry-le-François (Marne)
Usine de matériaux artificiels d'Hussein-Dey, près Alger
Usine de matériaux artificiels de Bab-el-Khadra, près Tunis.

PARIS
CH. BÉRANGER, ÉDITEUR
15, RUE DES SAINTS-PÈRES, 15

1903

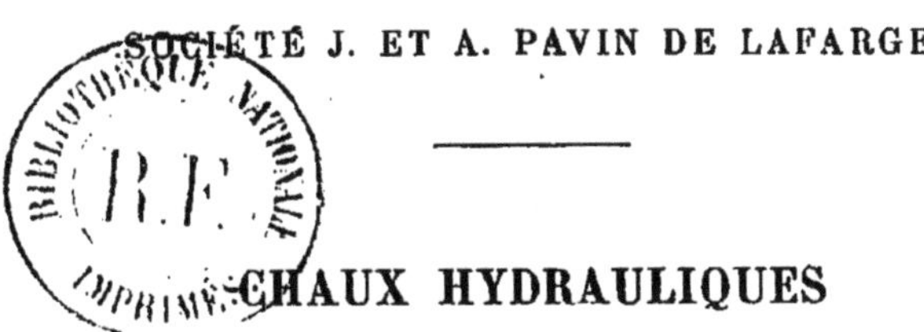

SOCIÉTÉ J. ET A. PAVIN DE LAFARGE

CHAUX HYDRAULIQUES

ET

CIMENTS PORTLAND

SOCIÉTÉ J. ET A. PAVIN DE LAFARGE

EN COMMANDITE PAR ACTIONS. — CAPITAL : 8 800 000 FRANCS

Siège social à VIVIERS (Ardèche)

CHAUX HYDRAULIQUES

ET

CIMENTS PORTLAND

DE LAFARGE ET DU TEIL (Ardèche)

PAR

J. BIED

Ancien élève de l'École Polytechnique.
Directeur du Laboratoire de la Société J. et A. Pavin de Lafarge.

DIVERSES APPLICATIONS DU CIMENT ARMÉ

EMPLOI A CET USAGE

DU CIMENT DE LAFARGE

Chaux hydrauliques et Ciments Portland de Lafarge et du Teil (Ardèche)

Chaux hydraulique et ciment Portland de Cruas (Ardèche)
Ciment de laitier de Vitry-le-François (Marne)
Usine de matériaux artificiels d'Hussein-Dey, près Alger
Usine de matériaux artificiels de Bab-el-Khadra, près Tunis.

PARIS

CH. BÉRANGER, ÉDITEUR

15, RUE DES SAINTS-PÈRES, 15

1903

NOTE SUR LES DIVERSES APPLICATIONS

DU

CIMENT ARMÉ

EMPLOI A CET USAGE DU CIMENT DE LAFARGE

Depuis quelques années on avait reconnu, comme un fait d'expérience, qu'une dalle en mortier de ciment dans laquelle on introduisait des fers ronds de petit diamètre, placés perpendiculairement entre eux, de manière à créer un treillis à mailles rectangulaires ou carrées, treillis indéformable, tous les fers étant reliés entre eux à leur croisement au moyen d'une attache en fil de fer recuit, supportait, avant de se rompre, des poids *près de quatre fois supérieurs* à ceux qui amenaient *la rupture d'une dalle de dimension semblable en mortier de même sable et de même dosage*, confectionnée en même temps et conservée dans les mêmes conditions.

Cet assemblage assez bizarre de fer et de ciment était possible grâce à *l'adhérence du fer et du ciment*, qui empêche le premier de se rouiller, et à *l'égalité reconnue des coefficients de dilatation*, des deux matières.

Expériences de M. Considère.

On avait déjà tiré de ce phénomène inexpliqué une foule de conséquences pratiques et fait de ce système nouveau de nombreuses applications quand sans l'expliquer nettement, M. l'Ingénieur en chef Considère est arrivé à indiquer la solution du problème grâce aux expériences qu'il a faites et qui l'éclairent d'un jour nouveau.

Des expériences de M. Considère il résulte qu'un mortier de ciment non armé ne peut supporter sans se rompre des allongements supérieurs à 0,1 mm. par mètre, tandis qu'un mortier de même sable et même dosage, armé seulement de petits fers ronds, placés dans le sens même de la tension, ne commence à présenter quelques fissures, que lorsqu'il a subi un allongement de 2 mm. par mètre, soit *vingt fois supérieur* à celui du mortier précédent.

M. Considère estime que le fer introduit dans le mortier de ciment empêche la striction de ce mortier, et que c'est à ce phénomène qu'on doit l'amélioration de résistance qu'amène cette introduction.

Il a déduit de ces expériences des règles de calcul de poutres en ciment armé, qui confirment les formules adoptées jusqu'à ce jour par les constructeurs.

Efforts répétés.

Ajoutons également que M. Considère a trouvé que le mortier de ciment, armé ou non, n'était pas propre à subir des efforts souvent répétés ; il faudra donc éviter d'employer le ciment armé dans les cas où il y aurait à subir des mises en charge et des décharges souvent répétées, ou tout au moins, dans ce cas, le calculer pour des *résistances bien supérieures* à celles de la charge qu'on doit appliquer.

Métal déployé.

Nous devons également, avant de commencer la description des travaux qu'on peut faire en ciment armé, rappeler une invention nouvelle, qui en facilite actuellement les applications : nous voulons parler du *métal déployé*.

La Société du métal déployé, 35, boulevard Haussmann, à Paris, a trouvé moyen de fabriquer des toiles métalliques de tous poids et de toutes dimensions, rigides déjà par elles-mêmes, et ayant un moment d'inertie propre, quand elles arrivent à un certain poids par mètre carré, qui peuvent dans tous les cas remplacer avec avantage les anciens treillis, pour la fabrication desquels on manquait souvent d'ouvriers.

Lorsque nous parlerons, dans cette note, d'un treillis de dimensions déterminées, on pourra toujours sous-entendre qu'on peut y substituer une toile de métal déployé, de poids égal par mètre carré, ou même de poids un peu inférieur (20 à 25 p. 100) à cause des qualités particulières de ces dernières.

Les applications les plus répandues du ciment armé sont la confection des *tuyaux*, des *égouts*, des *voûtes*, des *réservoirs circulaires*, des *planchers*. Nous les étudierons successivement en ajoutant, comme cas particulier, les *barrages ou réservoirs à parois planes*.

Dans les quatre premières de ces applications le ciment armé n'a à supporter que des efforts directs d'extension ou de compression tandis que dans les deux dernières il est soumis aux effets plus complexes de la flexion.

Tuyaux. — Les tuyaux de ciment armé se font principalement pour résister à *des charges d'eau.*

Treillis.

Leur fabrication est excessivement simple. Après avoir constitué le treillis par un certain nombre de fers parallèles à l'axe du tuyau, on enroule un deuxième fil de fer autour de génératrices, de manière à créer *des spires également espacées*, et qui peuvent être considérées *comme les directrices* dudit tuyau. Il est bien entendu que la spire est en forme d'hélice et continue, lorsque le diamètre du fer permet cet enroulement. Au contraire, si le diamètre du fer devient un peu élevé, on doit constituer les directrices au moyen d'un certain nombre de cercles régulièrement espacés, chaque cercle étant fermé complètement par une soudure.

Fabrication et coulage du mortier.

Le treillis étant constitué, et ayant, suivant les diamètres du tuyau, une longueur de 1 à 2 m., est introduit entre les coquilles et le mandrin à parapluie d'un moule spécial. L'intervalle entre les coquilles et le mandrin est rempli au moyen d'un mortier de ciment, dosé à 1000 kg. de ciment par mètre cube de bon sable grenu.

La fabrication de ce mortier demande de l'attention. Contrairement à ce que nous avons reconnu nécessaire jusqu'à présent pour le bon emploi du mortier, il doit être assez liquide, pour pouvoir couler facilement entre le mandrin et la coquille, et enrober complètement le treillis, qui est encore un obstacle à sa descente.

Nous recommandons de le faire dans une gamate, à hauteur même du sommet du tuyau, afin qu'aucun transport ne vienne en rompre l'homogénéité, et de l'obtenir en mélangeant d'abord à sec le ciment et le sable, puis en ajoutant l'eau par petites quantités, en même temps qu'on rabote fortement. Sitôt que le mortier est assez liquide, on vide dans le moule la gamate, qui ne doit contenir naturellement que la quantité de mortier nécessaire à la confection d'un seul tuyau.

Le tuyau ne peut être démoulé qu'au bout de 24 heures, ce qui nécessite un nombre de moules assez considérable, surtout lorsque l'entreprise est un peu importante.

Pose.

Autant que possible, les tuyaux doivent être arrosés, et faire leur prise à l'abri du soleil. Si on est à proximité de la tranchée où l'on doit les poser, on devra les y placer le *plus promptement possible*, et les recouvrir d'une couche de terre jusqu'au moment des épreuves. Nous conseillons même, pour éviter les ennuis que pourrait produire la dilatation, soit de laisser, tous les 100 m., un joint, qu'on ne fera qu'au moment des épreuves, soit d'établir, de distance en distance, un joint universel en fonte permettant la dilatation [1].

Dilatation.

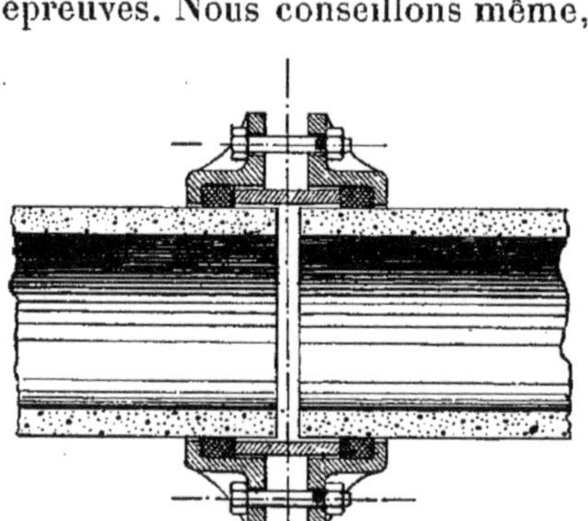

Fig. 14.

Les joints courants sont faits au moyen de bagues en ciment armé, ayant 25 à 30 cm. de longueur, dont le diamètre intérieur est légèrement supérieur au diamètre extérieur des tuyaux eux-mêmes ; chaque bague est descendue à cheval sur un tuyau, puis, quand le tuyau suivant est posé au bout du précédent, la bague est tirée au-dessus du joint, qu'on a préalablement fermé, soit avec du ciment pur assez sec, soit avec du ciment prompt.

Au moyen de deux trous laissés dans la bague, on coule un mortier de ciment, qui vient garnir tout le vide laissé entre l'intérieur de la bague et l'extérieur du tuyau. Si l'on a eu soin de garnir chaque côté de la bague de coquilles en zinc, qu'on retire après la prise, ce mortier liquide ne peut s'échapper par les côtés ; on peut même s'arranger pour former avec le mortier deux solins qui renforcent le joint.

L'épaisseur des tuyaux en ciment armé est généralement assez faible ; elle varie, suivant les pressions, de 4 à 5 cm. pour les

[1] Le joint universel se compose de trois bagues en fonte et de deux rondelles en caoutchouc, comme l'indique le croquis figure 14.

tuyaux de 0,20 m., et ne dépasse jamais 8 cm. pour les plus gros diamètres.

Calcul du treillis.

Le treillis est calculé de la façon suivante :

Soit un tuyau de 1 m. de longueur,

d son diamètre exprimé en mètres ;

p la pression d'eau, également en mètres, qu'il aura à supporter.

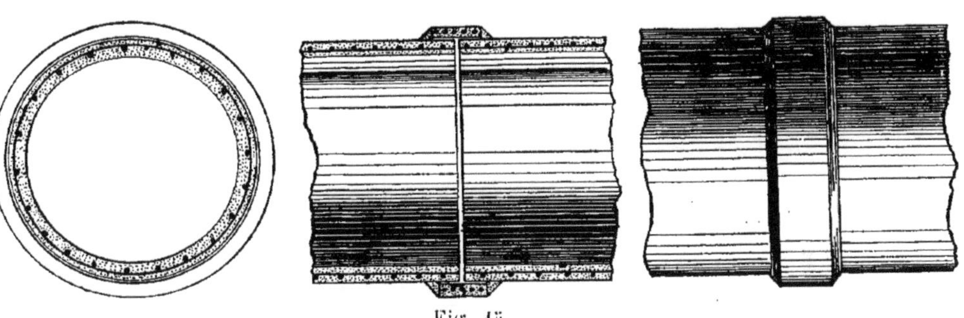

Fig. 15.

La pression totale sur le plan diamétral sera $p \times d$ et sur une ligne génératrice $\frac{pd}{2}$.

Si l'on admet que le fer doive travailler seul, et qu'il puisse supporter une tension de 5 kg. par millimètre carré, la section totale des directrices en millimètres carrés sera

$$S \times 5 = 1\,000 \frac{pd}{2}, \quad S = 100\, pd.$$

Et si n est le nombre des directrices par mètre courant, et s la section d'une directrice, on aura $n \times s = S$.

On disposera des nombres n, s, pour la commodité de l'exécution.

Aucun calcul ne peut donner avec précision le nombre et le diamètre des génératrices. L'expérience seule du constructeur permet de les fixer.

Les croquis ci-dessus permettront de comprendre facilement la disposition du treillis dans les tuyaux, et l'assemblage de ces derniers.

Nous y avons joint (p. 10) un tableau donnant l'épaisseur des tuyaux et des bagues, leur cube par mètre courant, les dispositions et les détails du treillis pour des tuyaux en ciment armé de 0,20,

DÉSIGNATION		ÉPAISSEUR du tuyau	ÉPAISSEUR de la bague.	LONGUEUR du tuyau.	LONGUEUR de la bague.	Génératrices du tuyau		Directrices du tuyau		Génératrices de la bague		Directrices de la bague		CUBE au mètre courant.
						Nombre et diamètre	Poids au mètre courant.	Nombre et diamètre	Poids au mètre courant.	Nombre et diamètre	Poids au mètre courant.	Nombre et diamètre	Poids au mètre courant.	
				m.	m.	mm.	kg.	mm.	kg.	mm.	kg.	mm.	kg	m³
Tuyaux de 0 m,20	sans pression. . .	0,04	0,04	2	0,25	8 — 4	0,800	16 — 3	0,800	11 — 4	0,300/2	4 — 4	0,440/2	0,040
	10 mètres de pression	0,04	0,04	2	0,25	13 — 4	1,300	16 — 4	1,300	18 — 4	0,450/2	4 — 4	0,440/2	0,040
	20 mètres de pression	0,05	0,05	2	0,25	13 — 4	1,300	20 — 5	2,400	18 — 4	0,450/2	4 — 4	0,440/2	0,050
	30 mètres de pression	0,05	0,05	2	0,25	16 — 5	2,500	20 — 6	3,600	21 — 5	0,800/2	4 — 5	0,700/2	0,050
	40 mètres de pression	0,05	0,05	2	0,25	16 — 5	2,500	25 — 6	4,200	21 — 5	0,800/2	4 — 5	0,700/2	0,050
Tuyaux de 0 m,25	sans pression. . .	0,04	0,04	2	0,25	10 — 4	1,000	16 — 3	0,850	13 — 4	0,350/2	4 — 4	0,500/2	0,050
	10 mètres de pression	0,05	0,05	2	0,25	16 — 4	1,600	16 — 5	2,100	21 — 4	0,550/2	4 — 4	0,500/2	0,062
	20 mètres de pression	0,05	0,05	2	0,25	16 — 4	1,600	17 — 6	3,750	21 — 4	0,550/2	4 — 4	0,500/2	0,062
	30 mètres de pression	0,05	0,05	2	0,25	19 — 5	2,900	25 — 6	5,500	24 — 5	0,900/2	4 — 5	0,750/2	0,062
	40 mètres de pression	0,06	0,06	2	0,25	19 — 5	2,900	25 — 7	7,500	24 — 5	0,900/2	4 — 5	0,750/2	0,075
Tuyaux de 0 m,30	sans pression. . .	0,05	0,05	2	0,25	12 — 5	1,900	16 — 4	1,800	15 — 5	0,600/2	4 — 5	0,900/2	0,068
	10 mètres de pression	0,05	0,05	2	0,25	18 — 5	2,700	16 — 5	2,700	23 — 5	0,900/2	4 — 5	0,900/2	0,068
	20 mètres de pression	0,05	0,05	2	0,25	18 — 5	2,700	20 — 6	4,900	23 — 5	0,900/2	4 — 5	0,900/2	0,068
	30 mètres de pression	0,05	0,05	2	0,25	21 — 6	4,700	23 — 7	7,500	26 — 6	1,500/2	4 — 6	1,400/2	0,068
	40 mètres de pression	0,06	0,06	2	0,25	21 — 6	4,700	24 — 8	11,000	26 — 6	1,500/2	4 — 6	1,400/2	0,082
Tuyaux de 0 m,35	sans pression. . .	0,05	0,05	2	0,25	14 — 5	2,100	16 — 4	2,000	17 — 5	0,800/2	4 — 5	1,100/2	0,080
	10 mètres de pression	0,05	0,05	2	0,25	21 — 5	3,200	18 — 5	3,500	26 — 5	1,100/2	4 — 5	1,100/2	0,080
	20 mètres de pression	0,05	0,05	2	0,25	21 — 5	3,200	25 — 6	7,500	26 — 5	1,100/2	4 — 5	1,100/2	0,080
	30 mètres de pression	0,06	0,06	2	0,25	25 — 6	3,800	25 — 7	9,700	31 — 6	1,700/2	4 — 6	1,600/2	0,100
	40 mètres de pression	0,06	0,06	2	0,25	25 — 6	3,800	25 — 8	12,800	31 — 6	1,700/2	4 — 6	1,600/2	0,100
Tuyaux de 0 m,40	sans pression. . .	0,05	0,05	2	0,25	16 — 6	3,600	16 — 5	2,300	19 — 6	1,200/2	4 — 6	1,800/2	0,090
	10 mètres de pression	0,05	0,05	2	0,25	24 — 6	5,500	16 — 5	4,500	29 — 6	1,800/2	4 — 6	1,800/2	0,090
	20 mètres de pression	0,06	0,06	2	0,25	24 — 6	5,500	26 — 6	8,600	29 — 6	1,800/2	4 — 6	1,800/2	0,110
	30 mètres de pression	0,06	0,06	2	0,25	28 — 7	6,400	24 — 8	14,500	33 — 7	2,600/2	4 — 7	2,400/2	0,110
	40 mètres de pression	0,07	0,07	2	0,25	28 — 7	6,400	24 — 9	18,000	33 — 7	2,600/2	4 — 7	2,400/2	0,125
Tuyaux de 0 m,45	sans pression. . .	0,05	0,05	2	0,25	18 — 6	4,000	16 — 5	4,000	21 — 6	1,400/2	4 — 6	1,900/2	0,100
	10 mètres de pression	0,06	0,06	2	0,25	26 — 6	5,800	16 — 6	5,700	31 — 6	1,800/2	4 — 6	1,900/2	0,120
	20 mètres de pression	0,06	0,06	2	0,25	26 — 6	5,800	13 — 7	11,100	31 — 6	1,800/2	4 — 6	1,900/2	0,120
	30 mètres de pression	0,07	0,07	2	0,25	30 — 7	9,000	20 — 9	16,000	35 — 7	2,700/2	4 — 7	2,600/2	0,140
	40 mètres de pression	0,07	0,07	2	0,25	30 — 7	9,000	16—12	23,000	35 — 7	2,700/2	4 — 7	2,600/2	0,140
Tuyaux de 0 m,50	sans pression. . .	0,06	0,06	2	0,25	20 — 6	4,500	16 — 6	5,800	23 — 6	1,400/2	4 — 6	2,000/2	0,130
	10 mètres de pression	0,06	0,06	2	0,25	30 — 6	6,800	18 — 6	7,100	35 — 6	2,100/2	4 — 6	2,000/2	0,130
	20 mètres de pression	0,06	0,06	2	0,25	30 — 6	6,800	25 — 7	13,500	35 — 6	2,100/2	4 — 6	2,000/2	0,130
	30 mètres de pression	0,07	0,07	2	0,25	35 — 7	11,000	22 — 9	20,000	40 — 7	3,000/2	4 — 7	2,700/2	0,150
	40 mètres de pression	0,07	0,07	2	0,25	35 — 7	11,000	18—12	30,000	40 — 7	3,000/2	4 — 7	2,700/2	0,150

0,25, 0,30, 0,35, 0,40, 0,45 et 0,50, devant servir à l'écoulement libre, ou résister à des pressions de 10, 20, 30 et 40 m.

Système Bonna pour fortes pressions

Au-dessus de ces pressions, nous croyons qu'il serait prudent de recourir au système de M. Bonna, système breveté et exploité par la Société des Constructions en ciment armé, 60, rue de la Victoire, Paris. Ce système consiste à noyer dans le mortier de ciment, non seulement un treillis métallique, mais en plus, une tôle continue, qui assure la complète étanchéité.

Gros diamètres.

Il serait facile, avec les méthodes de calcul que nous avons indiquées, de compléter le tableau que nous donnons, pour des diamètres supérieurs. Nous conseillons de ne pas aborder, en dehors du système de M. Bonna, les pressions de plus de 30 m. avec les tuyaux de 0,50 à 0,80 de diamètre, de plus de 20 m. avec les tuyaux de 0,80 à 1 m. et de plus de 10 m. au delà de 1 m. de diamètre.

Avantages des conduites en ciment armé.

L'établissement des conduites en ciment armé offre une économie notable, pour la même pression, sur les conduites en fonte ou en acier. Elles donnent plus de sécurité, le durcissement du ciment allant en augmentant avec le temps, tandis que les conduites en fonte ou en fer sont sujettes à la détérioration par la rouille. Les applications qui ont été faites de ce système nous dispensent de nous appesantir sur ses avantages.

Égouts. — Les égouts ne sont que des tuyaux sans pression, d'une forme spéciale, qui permet des chasses plus faciles et un balayage plus complet de l'égout avec une moindre quantité d'eau.

Ils peuvent donc être confectionnés comme les tuyaux et assemblés comme ces derniers dans la tranchée ; le treillis pourra être remplacé par une toile en métal déployé[1].

Moules.

Cependant des moules spéciaux en tôle, avec coquilles et mandrins, coûteraient assez cher pour des formes compliquées d'égouts ; aussi se contente-t-on d'employer des gabarits en bois, lesquels ont une dimension extérieure égale aux dimensions intérieures des égouts. Ces gabarits ont la longueur qu'on désire donner au morceau d'égout (généralement 2 m.).

[1] Pour des hauteurs variant de 1,40 m. à 1,60 m., et des largeurs aux naissances de 1 m. à 1,10 m., la toile nº 6 nous paraît parfaitement suffisante.

Ils sont creux et démontables par l'intérieur, ce qui est facile, en les composant de deux ou trois cercles en bois, formés de morceaux boulonnés ou vissés, sur lesquels on pose des planches qui leur sont attachées par un petit fil de fer recuit.

Le treillis est établi tout autour de ce gabarit dont il suit le contour à 2 cm. de distance (fig. 16).

Le mieux est alors de placer tout l'ensemble verticalement, puis un homme, muni de doigtiers en caoutchouc pour éviter les brûlures de ciment, applique tout autour de ce gabarit en bois un mortier de ciment dosé à 600 ou 800 kg. de ciment par mètre cube de sable, gâché très ferme (aspect de la terre humide). Pour faire cette opération, il prend le mortier avec ses mains, et commençant par le bas, le place tout autour du moule de manière à enrober le treillis, en le comprimant, tant extérieurement qu'intérieurement à celui-ci, avec les doigts. Une fois que le mortier a fait prise, on fouette extérieurement un enduit bien dosé, et assez liquide pour pénétrer dans toutes les petites cavités, qui peuvent exister malgré les précautions prises ; puis, enlevant le gabarit, on fait la même opération à l'intérieur, qu'on lisse ensuite à la truelle, pour assurer l'étanchéité.

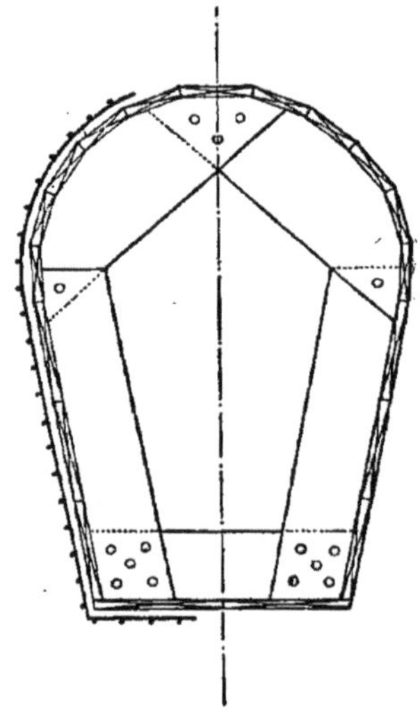

Fig. 16.

Pose des égouts. Les égouts en fer et ciment ont généralement 4 à 6 cm. d'épaisseur. Ils peuvent être placés avec une grande rapidité, permettant ainsi de ne pas encombrer les chaussées, que l'on n'ouvre que sur de faibles longueurs, au fur et à mesure de l'avancement du réseau. Cette façon de procéder permet également de supprimer les épuisements dans les terrains aquifères ; l'eau s'écoule par les égouts eux-mêmes, qui forment un radier solide, si l'on a soin de les commencer par le point bas. Ils permettent d'en augmenter les pentes, grâce à la faible épaisseur de leurs parois d'abord, et ensuite parce que le système se prête, mieux que tous les autres, à l'établissement des formes à voûtes surbaissées.

Enfin ils assurent l'étanchéité la plus complète, même lorsqu'on est obligé d'établir un réseau sur des terrains affouillables ou sujets à tassements.

Les égouts en ciment armé peuvent, lorsque les dimensions sont suffisantes, être faits sur place comme des égouts ordinaires en béton ; mais il est certain qu'alors, une partie des avantages ci-

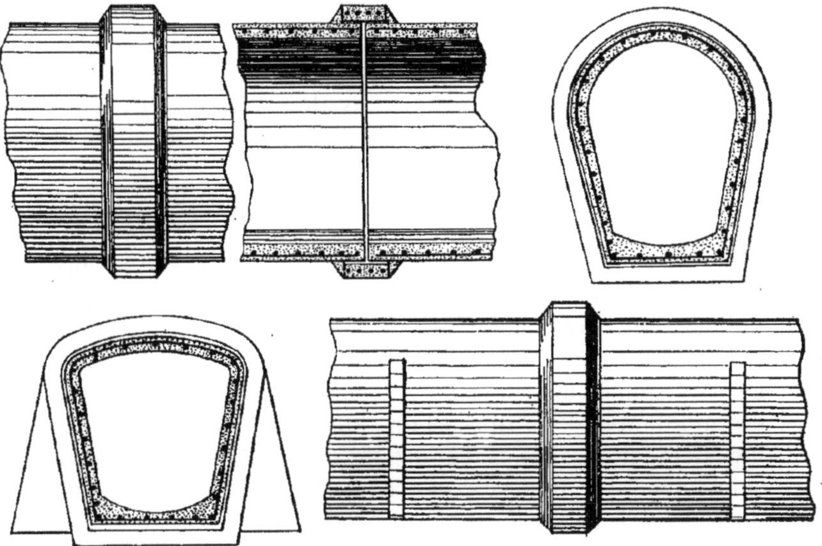

Fig. 17.

dessus disparaît. Il faudra cependant, croyons-nous, ne jamais employer *d'autre système lorsque les terrains seront mauvais.*

Égouts faits sur place.

Ces égouts de grandes dimensions se font sur place par les mêmes procédés que ceux de petites dimensions se font à l'extérieur. Le ciment est appliqué de la même manière ; le gabarit en bois est seulement extérieur à l'égout jusqu'aux naissances, à partir desquelles un cintre suffit pour l'application. Ils n'ont pas de joints et sont continus.

L'emploi du ciment armé pour la construction d'égouts se recommande donc :

1° Dans le cas où ne voulant pas gêner la circulation, on veut opérer une *pose rapide :*

2° Dans le cas où les *hauteurs nécessaires aux pentes manquent ;*

3° Dans le cas où les terrains sont *aquifères ou affouillables.*

Les croquis (fig. 17) représentent quelques types d'égouts, et montrent leur assemblage dans la tranchée.

Réservoirs cylindriques. — Les réservoirs cylindriques, de petites ou de grandes dimensions, sont soumis à des efforts de même nature que les tuyaux, avec cette différence que les efforts vont en diminuant, de la base où ils sont maxima, au sommet où ils sont nuls.

Épaisseur des parois.

L'épaisseur de leurs parois varie suivant leur diamètre, et peut atteindre jusqu'à 10 et 15 cm. Il existe des réservoirs cylindriques en ciment armé ayant 30 m. de diamètre, 5 m. de hauteur, et contenant environ 4000 mètres cubes [1].

Calcul des fers.

Les pressions allant en diminuant de la base au sommet, il faut tenir compte de ce phénomène dans le calcul de l'armature. Aussi, généralement, ce calcul se fait-il comme pour les tuyaux, mais par tranches de 50 cm. de hauteur, où l'on suppose la pression uniformément répartie.

Composition de l'armature.

L'armature de réservoirs cylindriques est une armature rigide en fers plats ou en fers ⊔, composée d'un certain nombre de montants et d'un certain nombre de cercles horizontaux inégalement espacés. Ce squelette est généralement calculé pour supporter à lui tout seul, en admettant pour le fer un travail de 5 kg., la moitié de la pression totale, (ou si l'on préfère, calculé pour supporter la pression totale avec un travail de 10 kg par mm^2).

Les montants verticaux, dont le nombre et les dimensions sont fixés sans calcul par l'expérience du constructeur, se retournent à l'intérieur du radier suivant la direction d'un rayon, pour venir se fixer soit à une plaque centrale, soit à un cercle.

Si le réservoir est couvert, ils se retournent également dans le dôme, toujours dans la direction d'un rayon, pour venir se fixer à un cercle comme pour le radier.

Le montage de ce squelette se fait avec des boulons qu'on peut remplacer ensuite par des rivets.

Les espaces compris entre les montants verticaux ou les cercles horizontaux sont remplis par un treillis en fers ronds de dimensions convenables. Les cercles horizontaux de ce treillis sont cal-

[1] Réservoir de Châtillon près Paris. Les parois de ce réservoir n'ont que 0,12 d'épaisseur.

culés pour supporter la moitié de la pression avec un travail de 5 kg., tandis que c'est l'expérience qui fixe le diamètre et l'écar-

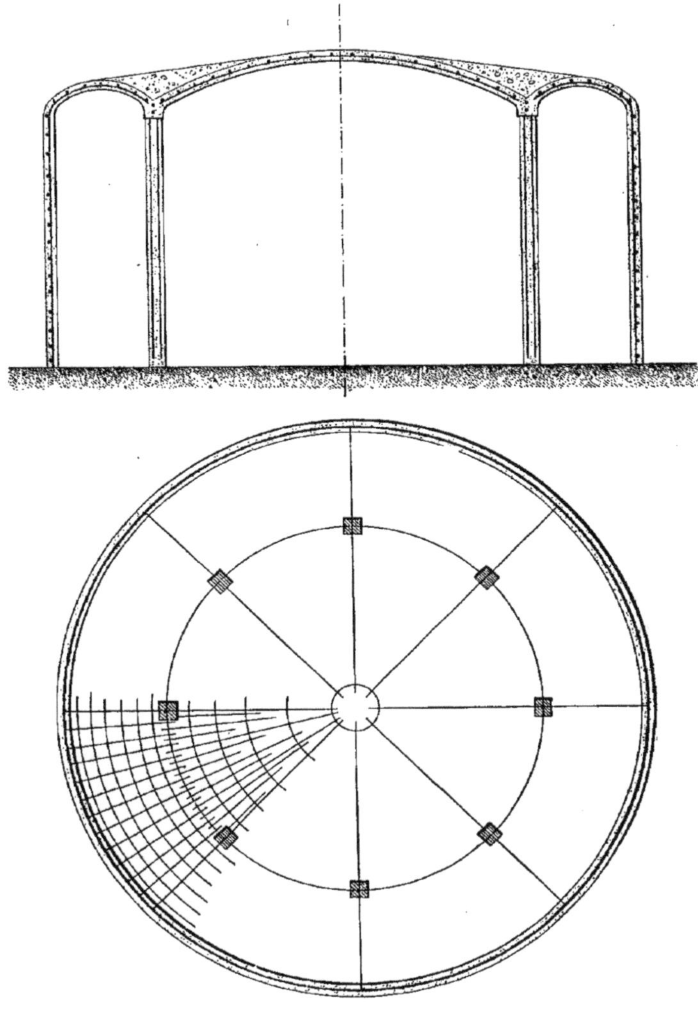

Fig. 18.

tement des fers verticaux, sans qu'il y ait pour ces derniers aucun moyen sérieux de calcul.

Exécution du béton.

Lorsque le treillis est complètement terminé, on établit extérieurement à celui-ci, un coffrage en bois. Puis, de l'intérieur, on applique le mortier (dosage 1 000 kg. ciment par mètre cube de bon sable) comme il a été dit pour la confection des égouts; on confectionne naturellement le radier avant de commencer les parois ; le dôme est fait le dernier au moyen d'un cintre.

Les parois sont donc composées d'une partie appliquée en mortier sec et d'une série d'enduits fouettés liquides, intérieurement et extérieurement, jusqu'à atteindre l'épaisseur. La voûte et le radier se font simplement comme des dallages, sans qu'il soit besoin d'autres explications.

Dôme. Lorsque le diamètre est très grand, le dôme, au lieu d'être formé d'une seule calotte sphérique, est formé d'une calotte sphérique et d'une portion de tore, comme l'indique la figure 18.

On obtient ainsi des couvertures légères et très économiques.

En dehors des réservoirs de grandes dimensions, les réservoirs cylindriques sont employés couramment dans certains pays comme *cuves à vin*, pour des contenances variant généralement de dix à cinquante mètres cubes.

Cuves à vin. On confectionne ces cuves comme les grands réservoirs cylindriques, en calculant le treillis de la même façon. Cependant, vu leur faible diamètre et leur faible hauteur, et l'intervention des fers verticaux qui répartissent également la pression, on place généralement à des distances égales les cercles du squelette et les fils de fer.

A titre de renseignement pour nos clients, nous donnons ci-dessous un tableau qui indique le nombre des armatures et les poids des fers ronds à employer (seule donnée utile, puisqu'on peut faire varier la section en faisant varier le nombre, suivant la commodité). Un croquis indique également la disposition de ces fers (fig. 19).

MÈTRES cubes.	DIAMÈTRE	HAUTEUR	NOMBRE des montants verticaux en fers plats de 25 - 10.	NOMBRE des cercles horizontaux en fers plats de 20-7.	POIDS DES FERS RONDS à employer.				ÉPAISSEUR des parois.
					radier et dôme.	fils verticaux	fils horizontaux.	total.	
10	2,50	2,00	6	4	80	70	25	175	0,06
15	2,50	3,00	6	6	80	100	45	225	0,07
20	2,90	3,00	6	7	1[illegible]0	110	55	305	0,08
25	3,20	3,00	6	8	160	120	70	350	0,08
30	3,10	4,00	6	11	180	150	110	440	0,09
40	3,60	4,00	8	14	220	170	130	520	0,10
50	4,00	4,00	8	15	280	190	150	620	0,10

Voûtes et dômes. — Le ciment armé est tout indiqué pour la confection des dômes et des voûtes.

Son application dans ce cas ne présente aucune difficulté; la partie délicate du travail est la confection du cintre. Nous recommandons en particulier d'établir le cintre suffisamment solide pour permettre un bon pilonnage du mortier, et de l'établir avec suffisamment de soin, sur des étais à coins ou à boîtes de sable, pour Cintres.

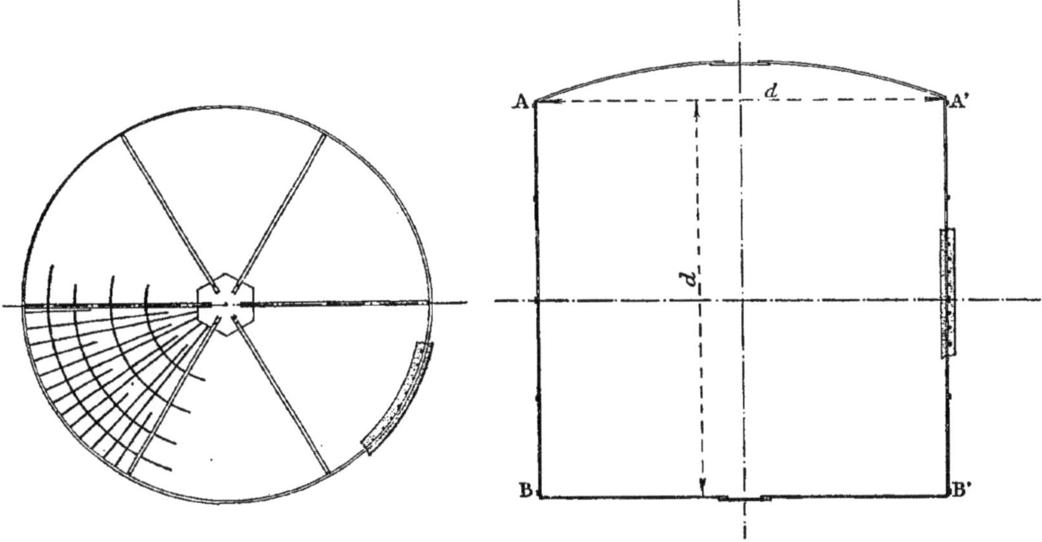

Fig. 10.

que le décintrement puisse se faire aussi doucement que possible.

L'époque du décintrement varie suivant la portée de la voûte ou du dôme. On peut généralement dire que le mortier doit rester au moins huit jours sur cintre, mais il est certain que plus il y restera, plus on aura de garanties d'avoir un bon travail.

Le rôle du mortier dans la résistance des travaux en ciment armé n'est en effet pas nul, quoique, dans les calculs, et par précaution, on ne tienne compte que de la résistance des fers.

L'épaisseur des dômes varie suivant leur portée.

Pour les portées moyennes, ne dépassant pas 10 à 15 m., et suivant les charges, l'épaisseur varie de 5 à 10 cm. Quelquefois elle est uniforme, quelquefois on la diminue à la clé pour l'augmenter aux naissances.

Calcul des voûtes et des dômes.

Pour ces portées un seul treillis est suffisant.

Nous nous sommes toujours bien trouvé, dans ce cas, de le calculer d'après une formule proposée par M. l'Ingénieur en chef Godard.

Soit une voûte en berceau, soumise à un poids total égal à 2 P, le poids étant supposé uniformément réparti par rapport à la corde de l'arc de la voûte.

Voûtes.

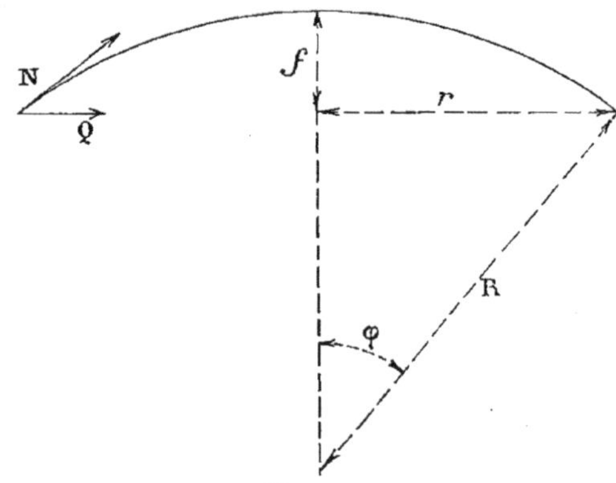

Fig. 20.

D'après les formules de M. Godard, on peut prendre pour valeur de la poussée par mètre courant :

$$Q = \frac{Pr}{2f}$$

et pour valeur de la compression tangentielle par mètre courant de voûte :

$N = P \sin \varphi + Q \cos \varphi$.

La valeur de N donne immédiatement le nombre et la section des fers que l'on peut employer, si l'on se fixe leur taux de travail.

Le flambement des fers étant impossible dans le ciment, on calcule généralement les fers pour des compressions de 8 à 10 kg. par millimètre carré.

Dômes.

Si l'on a affaire à un dôme, en conservant les mêmes données, et en appelant 2 P le poids total que le dôme a à supporter, on a, d'après la formule de M. Godard, pour la poussée totale : $Q = \frac{2Pr}{3f}$ et pour la compression totale : $N = P \sin \varphi + Q \cos \varphi$.

Ceinture.

Notons que cette formule permet de calculer la force de la ceinture nécessaire pour supporter toute la poussée du dôme. En la noyant dans le ciment même du dôme, et en venant y terminer les fers de l'ossature, on peut construire le dôme de telle façon qu'on n'ait jamais aucune poussée sur les murs. La tension qui s'exercera dans cette ceinture sera $T = \frac{Q}{2\pi}$.

Pour les dômes, comme pour les voûtes, on fait généralement travailler les fers de 8 à 10 kg. par millimètre carré à la compression.

Fers circulaires.

Les formules ci-dessus ne donnent aucune indication sur les fers à employer, circulairement dans les dômes, ou dans le sens perpendiculaire à la portée, dans les voûtes. Leurs dimensions sont fixées par l'expérience.

Voûtes de grandes dimensions.

Lorsque les dimensions des voûtes ou les charges qu'elles ont à supporter, deviennent plus importantes, les formules simples données plus haut ne suffisent plus. On doit alors se déterminer, au moyen des formules ou des épures classiques, les efforts que la voûte aura à supporter en chacun de ses points. Ces résultats obtenus, on armera la voûte des fers nécessaires pour résister aux efforts trouvés. Généralement deux treillis, l'un près de l'intrados et l'autre près de l'extrados seront nécessaires.

Système Mélan.

Un système connu et apprécié en Autriche pour les voûtes de grande portée (système Mélan) consiste simplement à noyer dans du béton des arcs en fer préalablement calculés. Ce système paraît excellent, il permet l'installation de ponts et de voûtes articulés aux naissances et à la clé, qui n'ont à supporter que des efforts de compression. Sans entrer dans le détail des calculs, nous ferons remarquer que le flambement des fers étant devenu impossible, ce mode de construction permet d'admettre pour ceux-ci un coefficient de travail beaucoup plus considérable.

Les voûtes et les dômes en ciment armé ont l'avantage de la *solidité, de la légèreté, de l'économie.* Il en a été fait de nombreuses applications pour les petites portées, où leurs qualités frappaient l'esprit davantage; mais on n'a guère traité jusqu'à présent l'emploi du ciment armé pour les grandes portées. Cependant les ponts à grandes ouvertures en béton de ciment[1] qui ont fait leurs preuves, sont déjà nombreux, et il n'y a *nul doute* que le ciment armé puisse se substituer au béton simple avec succès et avantage. Cette voie a, à notre avis, le plus grand avenir[2].

Planchers. — Jusqu'à ces dernières années, on admettait que le fer était introduit dans les dalles pour soulager le travail du ciment à l'extension, et on en concluait, que pour établir une poutre en

[1] Pont de la Coulouvrenière, à Genève.

[2] Il a été construit dernièrement un pont en ciment armé avec de grandes portées à Châtellerault.

ciment armé, il suffisait d'introduire à sa partie inférieure un fer rond plus ou moins bien calculé.

Cette conclusion était fausse puisque, la plupart du temps, les poutres destinées à supporter le plancher étaient *encastrées*.

Poutre symétrique.

Sans revenir sur les raisons qui nous ont fait juger nécessaire l'emploi de la poutre symétrique, ni sur la justification théorique des formules que nous avons adoptées pour la calculer, nous nous contenterons d'indiquer ici succinctement le mode de calcul et le mode d'exécution des planchers en ciment armé[1].

Calcul des poutres. Poutres encastrées.

Après s'être fixé la hauteur de la poutre, ou mieux, la distance d'axe en axe des fers qui doivent la composer, et avoir calculé le moment fléchissant qu'elle doit supporter, M, on détermine la section des fers en écrivant : $10 S h = M$, h étant la distance d'axe en axe des fers, 10 le coefficient de travail (10 kg. par millimètre carré), S, la section d'un des fers supposés égaux.

Dans le cas où l'encastrement des poutres est absolument assuré, on pourra prendre pour les calculer la formule $M = \frac{pl^2}{12}$. On donnera alors au fer supérieur la section trouvée S, et on admettra pour le fer inférieur une section moitié moindre, puisqu'il n'a à résister qu'à une tension maxima provenant de $M = \frac{pl^2}{24}$.

A un fer de 20 mm. à la partie supérieure on ferait correspondre un fer de 14 mm., à la partie inférieure.

Poutres à encastrement douteux.

Si au contraire l'encastrement est douteux, on calculera S en prenant pour point de départ la formule $M = \frac{pl^2}{8}$; on donnera au fer inférieur la section S, et on déduira la section du fer supérieur dans le rapport de 12 à 8 ; car, si l'encastrement existait, il n'aurait à supporter qu'une tension provenant de $\frac{pl^2}{12}$; ainsi par exemple, à un fer de 20 mm. à la partie inférieure correspondrait à la partie supérieure, un fer de 16 mm. et demi[2].

Liaison des 2 fers.

On a proposé plusieurs systèmes pour assurer le constant écartement de la liaison des fers des poutres. Un excellent système consiste à les réunir par un fer feuillard (14/3 à 30/5 suivant les

[1] Voir Journal *Le Ciment*, novembre et décembre 1898.

[2] Lorsque les poutres à calculer sont des poutres continues reposant sur plusieurs appuis, on peut, si elles ne sont pas trop importantes, les calculer comme encastrées entre deux appuis successifs.

Si les poutres étaient plus importantes, il faudrait faire l'épure de répartition des efforts d'extension. On déduirait de cette épure les dimensions à donner aux fers.

MAISON ÉCLUSIÈRE DE JONAGE
Entièrement en fer, ciment et briques de ciment comprimé.
Établissement du plancher sur caves.

dimensions des fers ronds) qu'on courbe comme l'indique le premier croquis de la fig. 21, et qu'on lie solidement à chaque fer rond.

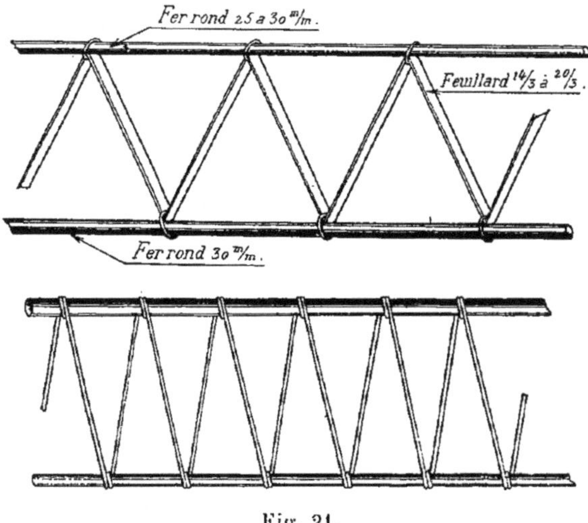

Fig. 21.

On peut aussi les joindre par un fil d'acier. Fig. 21, 2e croquis.

Une fois déterminé les dimensions des fers[1], les dimensions de la poutre en ciment se trouvent d'elles-mêmes. Il suffit d'envelopper tout le système d'une couche de mortier de ciment suffisante pour que les fers soient bien protégés. *Dimensions des poutres elles-mêmes.*

Si h est la distance entre axes des fers, $2r$, le diamètre du plus gros, on donnera généralement aux poutres une hauteur égale à $h + 6r$ et une largeur égale à $6r$.

Généralement on devra s'arranger par tâtonnement pour maintenir entre h et r, approximativement, la relation $h = 20r$; on sera ainsi dans de bonnes conditions.

En plus des poutres le plancher comporte une série de dalles qui rejoignent les poutres les unes aux autres. Si M est le moment fléchissant en kilogrammètres auquel une de ces dalles a à résister[2], *Platelages.*

[1] Il n'y a généralement pas à s'inquiéter des efforts tranchants, auxquels les dimensions trouvées suffisent généralement. On peut, s'il est nécessaire, rajouter une barre supplémentaire aux endroits dangereux.

[2] Quoique les dalles soient continues, ce moment est calculé comme si elles étaient encastrées au-dessus de chaque poutre.

nous recommandons de calculer son épaisseur par la formule[1] $e = \sqrt{\frac{M}{4}}$, dans laquelle e est donnée en centimètres. Quant à la quantité de fer à employer dans cette dalle, on mettra par mètre de largeur, et dans le sens de la portée, un nombre de fers ronds tel que la section totale de ces fers S soit égale à e. La section totale des fers sera ainsi le centième de la section du béton. Pour les fers transversaux, c'est l'expérience qui sert à en déterminer le nombre et le diamètre.

Emplacement du treillis dans le platelage.

Le treillis sera placé, autant que possible, au milieu de la dalle, car il est difficile de le mettre exactement à l'endroit des plus grands efforts d'extension, ceux-ci s'exerçant tantôt à la partie supérieure, tantôt à la partie inférieure.

Les fers ronds du treillis des dalles sont, pour assurer leur rigidité, solidement attachés à chaque croisement au moyen de fil de fer recuit. Lorsque la portée des dalles augmente, on est amené à les armer de deux treillis, l'un supérieur, l'autre inférieur, comme on arme les poutres de deux fers.

Tableau pratique. Poutres.

Nous donnons ci-dessous un tableau indiquant les dimensions des poutres et des fers, ainsi que le poids de ceux-ci au mètre courant de poutre, pour des charges de 200 kg. au mètre courant, et des portées de 2,50 m., 3 m., 5 m., 5,50 m.

PORTÉE	HAUTEUR de la poutre.	LARGEUR de la poutre.	ENTRE-AXES des fers.	DIAMÈTRE des fers ronds.	POIDS du feuillard 14/3	POIDS des fers ronds au m. courant.	CUBE sable	POIDS ciment.
2m50	0m15	0m10	0m10	15mm	0 k 500	2 k 8	15 L	11 k
3	0,20	0,10	0,15	15	0 700	2 8	20	15
5	0,25	0,10	0,20	20	0 800	4 5	25	20
5,50	0,25	0,10	0,20	25	0 800	6 0	15	20

Nous ferons remarquer que le diamètre du fer rond qui est indiqué, représente celui du plus gros fer, celui d'en bas ou celui d'en haut devant être diminué suivant que l'encastrement est assuré ou douteux, comme nous l'avons expliqué ; nous donnons un autre tableau indiquant les dimensions de dalles et la disposition du treillis, pour des poids à supporter de 250 à 300 kg. par mètre carré, et des portées depuis 0,30 m. jusqu'à 1,50 m.

[1] Donnée par MM. Coignet et de Tédesco.

Tableau pratique

PORTÉE libre.	ÉPAISSEUR	TREILLIS	POIDS du fer au m².	CUBE sable au m².	POIDS ciment au m².
0,30	0,04	3 mm. tous les 0,05 dans les 2 sens. .	2k500	40 L	30 k
0,40	0,04	4 mm. tous les 0,05 sens de la portée, 3mm tous les 0,05 sens transversal. .	3,500	40	30
0,50	0,05	4 mm. tous les 0,05 sens de la portée, 3 mm. tous les 0,05 sens transversal.	3,500	50	35
0,60	0,05	5 mm. tous les 0,05 sens de la portée, 4 mm. tous les 0,05 sens transversal.	5,000	50	35
0,80	0,06	5 mm. tous les 0,05 sens de la portée, 4 mm. tous les 0,05 sens transversal.	5,000	60	42
1,00	0,06	6 mm. tous les 0,05 dans le sens de la portée, 5 mm. tous les 0,05 sens transversal	8,000	60	42
1,50	0,07	2 treillis *a*) inférieur. 7 mm. tous les 0,05 sens portée, 5 mm. tous les 0,05 sens transversal. — *b*) supérieur, 4 mm. tous les 0,05 sens portée, 3 mm, tous les 0,05 sens transversal.	12,000	70	50

Mode d'exécution des poutres.

Lorsque les dimensions du plancher sont déterminées, il faut passer à la mise en œuvre.

La confection des poutraisons en fer et des treillis n'offre pas grande difficulté.

L'opération la plus délicate consiste à établir un plancher en

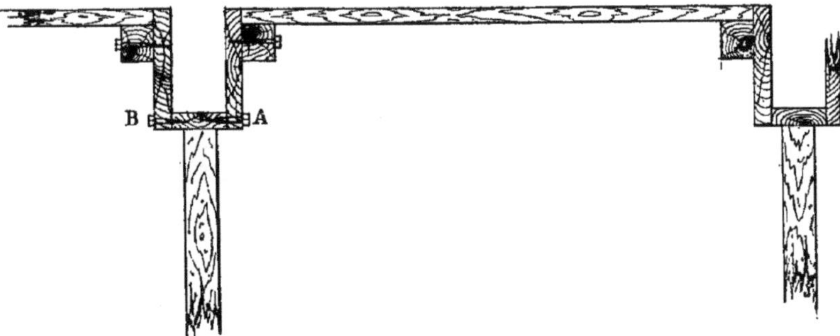

Fig. 22.

bois épousant les formes des poutres et du dessous des dalles, permettant un démoulage facile et suffisamment solide pour résister au pilonnage du mortier.

Les étais qui soutiennent les poutres doivent reposer sur des coins ou des boîtes à sable.

Le moule des poutres doit être constitué, comme l'indique le croquis fig. 22, les planches de côté étant tirefonnées sur celles du fond en A et B, de manière à permettre de démouler les dalles et les côtés des poutres, tout en laissant ces dernières sur leurs étais.

Le plancher établi, et le treillis mis en place, on confectionne les poutres et les dalles au moyen d'un mortier richement dosé. 1 000 kg. ciment par m³ de bon sable grenu, gâché ferme et bien bourré de partout, surtout dans le coffrage des poutres, soit avec des bâtons, soit avec des dames en bois sur le dessus des dalles. On termine comme une chape ordinaire.

Au bout de 7 à 8 jours en moyenne, on peut décoffrer les dalles et les côtés des poutres, et on laisse ces dernières sur étais le plus longtemps possible.

Carrelage et plancher. Il est bien évident qu'au lieu de boucharder le dallage, on peut y poser un carrelage, ou, en noyant des lambourdes dans le ciment, garnir le tout d'un plancher en bois.

Cette façon de procéder laisse le dessous des poutres apparent, ce qui est quelquefois un inconvénient pour l'ornementation, quoiqu'on puisse l'enduire au plâtre.

Planchers avec plafonds. On peut, dans bien des cas, établir un plancher avec un plafond en confectionnant ce dernier en dalles très légères de ciment armé.

On opère alors comme l'indique le croquis suivant.

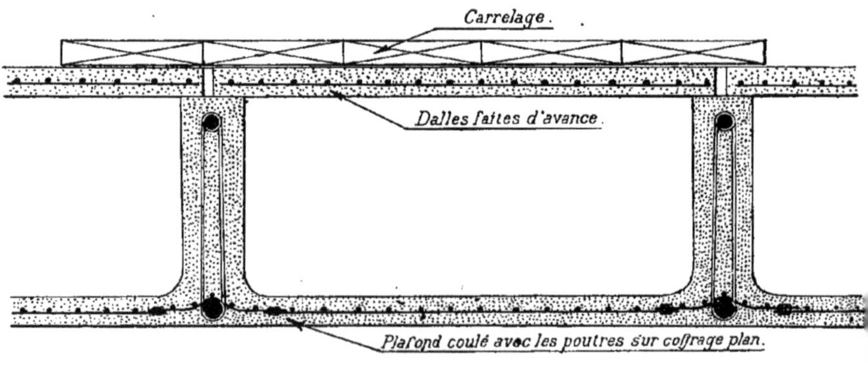

Fig. 25.

Le coffrage est établi absolument horizontal, les parois du moule des poutres restant au-dessus de ce premier plancher. On moule

MAISON ÉCLUSIÈRE DE JONAGE
Entièrement en fer, ciment et briques de ciment comprimé.
Vue pendant la construction.

tout ensemble les poutres et les dalles inférieures, et après démoulage, on se trouve avoir ainsi confectionné et les poutres et un plafond de fer et ciment, qu'il n'y a plus qu'à enduire de plâtre. On pose alors sur les poutres des dalles faites à l'avance, qu'on recouvre d'un carrelage ou d'un plancher; on a ainsi un plancher avec plafond, peu sonore et fort hygiénique, grâce à la présence entre les deux dalles d'un matelas d'air[1].

Piliers en ciment armé.

Il est facile d'établir les planchers en ciment armé sur des piliers de même nature, reposant sur le sol par des dalles également en même matière, dalles destinées à répartir la pression sur le terrain; les murs d'une maison ainsi construite ne sont plus alors que des remplissages destinés à mettre à l'abri des intempéries.

Maison de Jonage.

Le ciment Lafarge a été employé dans un grand nombre de planchers de ciment armé, spécialement dans deux maisons à étages (maisons éclusières, canal de Jonage à Lyon), construites d'après le système que nous venons d'indiquer, au moyen d'une armature de piliers reposant sur des dalles de fondation.

Les principaux avantages des planchers en ciment armé sont en outre de l'économie, *leur légèreté qui provient de leur épaisseur relativement petite*, et *leur résistance parfaite à l'incendie;* grâce en effet à la couche de mortier de ciment mauvais conducteur, les fers ne sont jamais portés au rouge, ne perdent pas leur résistance et les planchers ne s'effondrent pas.

Joints au système des piliers reposant sur des dalles de fondation, ils constituent des constructions très légères, pouvant permettre d'édifier sans grands frais, des édifices sur des terrains mouvants.

Dans le cas où on se contente d'un autre système de construction (hangars en bois par exemple), on aura toujours avantage sur de pareils terrains, à remplacer les anciennes fondations en maçonnerie ou en béton par des dalles en ciment armé, véritable plancher qui répartit la pression sur le sol.

Ces dalles travaillant à la flexion, il est facile de calculer leur moment fléchissant et leur armature d'après les formules que nous avons indiquées plus haut.

[1] Souvent quand on le peut, il est avantageux de constituer les planchers de poutres et de petites voûtes fabriquées à l'avance, qu'on monte comme des fers ordinaires; on remplit alors les ailes de mortier maigre et on pose un carrelage.

Barrages ou réservoirs à parois planes. — On avait douté pendant longtemps que le ciment armé pût servir à la confection de barrages ou de réservoirs à parois planes; nous croyons au contraire que, par les qualités qu'il possède, il est tout indiqué pour être employé dans ces deux cas, et nous pensons que si on a eu quelques échecs, on doit les attribuer à une répartition défectueuse de l'armature. Si dans un barrage par exemple, les efforts d'extension sont répartis sur un seul côté de la poutre, le côté extérieur (opposé à l'eau), il n'en est pas de même dans un réservoir qui possède un radier et un plancher de couverture.

Réservoir à radier et couverture.

Ce radier et cette couverture reliés à la paroi antérieure font que celle-ci se comporte comme une dalle encastrée à ses deux extrémités, et les plus violents efforts d'extension se produisent au point d'encastrement et du côté de l'eau.

Un calcul très simple permet de trouver que si h est la hauteur du réservoir en mètres, les moments fléchissants seront approximativement pour le réservoir supposé plein : $\frac{h^3}{16}$ au point d'encastrement inférieur, $\frac{h^3}{32}$ au point d'encastrement supérieur, ces deux moments amenant des efforts d'extension dans la partie de la paroi *située du côté de la charge*. Pour ne pas changer les dimensions du fer, on peut adopter pour les calculs le moment moyen $\frac{h^3}{24}$.

Au contraire le moment au milieu, qui amènera les efforts d'extension sur la partie opposée à la charge, ne sera pas supérieure à $\frac{h^3}{64}$.

L'application de ces principes, ayant amené des résultats concluants, il est certain que ce n'était pas le système en lui-même qui était en défaut, mais l'application qu'on en faisait.

Le calcul des fers se déduira de celui des ciments, en admettant pour les fers un travail de 5 kg. par millimètre carré [1].

[1] Nous prions le lecteur de remarquer que le coefficient du travail de 5 kg. a été adopté pour les tuyaux et pour les réservoirs circulaires ou à parois planes, tandis que pour les planchers, on a adopté le travail de 10 kg. La raison en est la suivante: La solidité d'un plancher n'est pas compromise, s'il se produit dans le béton une fente légère; le système ne perd pas son élasticité, et reprend sa position après suppression de la charge. Mais le même raisonnement ne peut s'appliquer si l'on a à contenir de l'eau: la moindre fente devient d'autant plus dangereuse (car elle s'accroît par le passage de l'eau), que la pression est plus forte.

Il est donc prudent de diminuer le coefficient de travail dans le cas où l'on a

Applications diverses. Conclusions.

Outre les applications classiques que nous venons de passer en revue, il a été fait du ciment armé une foule d'applications particulières très intéressantes, qu'il faudrait un volume pour rappeler.

Citons par exemple, outre son emploi comme dalles de fondation par la Compagnie des Docks de Tunis qui avait à élever des hangars sur un sol vaseux, l'application qu'en a faite M. l'ingénieur en chef Gotteland au canal de Jonage. Cet ingénieur a remplacé les *palplanches* du coffrage qui devait servir à couler sous l'eau les bétons de chaux destinés à la fondation des piles d'un pont, par des dalles de ciment armé qu'on a, après le coulage du béton de chaux, laissées dans l'eau. Les dalles avaient été munies de fers formant scellement, qui, une fois noyés dans le béton de chaux, les maintenaient en place.

Ce procédé n'a pas causé de dépenses supérieures à celles qu'aurait amenées l'établissement d'un batardeau en palplanches et le bloc de béton de chaux s'est trouvé préservé du délavage et de l'érosion des eaux.

On pourrait citer beaucoup d'autres exemples, les applications de ciment armé augmentant de jour en jour.

Nous serons heureux si cette notice intéresse suffisamment ceux qui la liront, pour leur donner le désir de recourir aux documents originaux.

Il va sans dire que la Société Pavin de Lafarge se tient à la disposition de tous ceux de ses clients qui voudront bien la consulter sur ces sujets. L'expérience qu'elle a acquise dans la série de ses longs travaux, pourra peut-être lui permettre de leur être utile. Grâce à cette expérience, elle peut affirmer que pour ces applications le ciment Lafarge *conserve toutes les qualités qui l'ont fait classer comme un des meilleurs ciments connus.*

affaire à une charge d'eau. Pour les planchers, de bons constructeurs admettent même un coefficient de travail du fer variant de 15 à 20 kg. Ce chiffre nous paraît un peu élevé, étant donné que en pratique des malfaçons peuvent empêcher en partie l'adhérence parfaite du fer et du mortier, et mettre ainsi dans des conditions désavantageuses.

TABLE DES MATIÈRES

ÉVREUX, IMPRIMERIE DE CHARLES HÉRISSEY

www.ingramcontent.com/pod-product-compliance
Ingram Content Group UK Ltd.
Pitfield, Milton Keynes, MK11 3LW, UK
UKHW021212230726
13926UKWH00001B/481

9 782013 44791